BEI GRIN MACHT SICH IHR WISSEN BEZAHLT

- Wir veröffentlichen Ihre Hausarbeit, Bachelor- und Masterarbeit

- Ihr eigenes eBook und Buch - weltweit in allen wichtigen Shops

- Verdienen Sie an jedem Verkauf

Jetzt bei www.GRIN.com hochladen
und kostenlos publizieren

Bibliografische Information der Deutschen Nationalbibliothek:

Die Deutsche Bibliothek verzeichnet diese Publikation in der Deutschen National-
bibliografie; detaillierte bibliografische Daten sind im Internet über http://dnb.d-
nb.de/ abrufbar.

Impressum:

Copyright © 2016 GRIN Verlag
Druck und Bindung: Books on Demand GmbH, Norderstedt Germany
ISBN: 9783668650817

Dieses Buch bei GRIN:

https://www.grin.com/document/411884

Lars Büchner, Veronika Gaugenrieder, Sophie Steinrücke

Virtuelle Ideengemeinschaften am Scheideweg. Wiki-Technologie, um die Ideenbildungen zu verbessern

GRIN Verlag

Fachgebiet Wirtschaftsinformatik

Virtual Ideas Communities at a Crossroad: Choosing the Wiki Way to Improve Ideation Outcome

Kurs:
Gestaltungsorientierte Forschung in der
Wirtschaftsinformatik SS2016

Vorgelegt von:
Lars Büchner
Veronika Gaugenrieder
Sophie Steinrücke

Abgabedatum:
Kassel, 27.09.16

1   Einleitung

Dieses Paper befasst sich mit der virtuellen Ideenplattform SAPiens, die von SAP, einem ERP Softwareentwickler, entwickelt wurde. SAPiens ist eine internetbasierte Community, die SAP-Anwendern ein Forum bietet, in welches Innovationsideen für SAP-Anwendungen und -Lösungen erstellt, sowie gemeinschaftliche Ideen weiterentwickelt werden können (Bretschneider 2012). Neben SAPiens haben weitere bekannte Unternehmen wie u.a. DELL, Starbucks, Google, Intel, BMW virtuelle Ideenplattformen gegründet und eingeführt. Virtuelle Ideenplattformen, im englischen als Virtual Ideas Communities (VIC) bezeichnet, sind internetbasierte Plattformen, auf denen Stakeholder eines Unternehmens Innovationsideen zur Verbesserung bestehender Produkte und Dienstleistungen oder komplett neue innovative Ideen erstellen und diese in der Community mit anderen Mitgliedern weiterentwickeln können. Durch diese Zusammenarbeit besitzen Ideenplattformen das Potenzial Synergieeffekte zu nutzen, die sich aus dem individuellen Wissen und der Erfahrung der Anwender ergibt (Huber 2015).

SAPiens als typische VIC ist sehr einfach gehalten und bietet nur wenige IT-Funktionen für das Erstellen und Managen von Ideen. Der Funktionsumfang umfasst das Hochladen, Speichern, Kommentieren und Visualisieren von Ideen. Dies bedeutet, dass SAPiens-VIC-Anwender ihre Ideen veröffentlichen, für andere Ideen abstimmen können und die Möglichkeit haben andere Ideen zu kommentieren. Somit helfen sie Ideen in einer kooperativen Art und Weise zu verbessern. Jedoch wird die Zusammenarbeit in der SAPiens VIC, als auch auf allen anderen virtuellen Ideenplattformen anderer Unternehmen, noch nicht optimal unterstützt. Nutzer können ihr Wissen bzw. ihre Meinung zu einer Idee mittels einer Kommentarfunktion ergänzen. Die Kommentarfunktion soll dazu dienen, dass durch diese Art der Interaktion die Qualität der ursprünglichen Idee mit Wissen erweitert und verbessert wird. Dies führt allerdings dazu, dass Ideen aus einer endlosen Liste an Kommentaren bestehen. Dies wirkt sehr komplex und unübersichtlich. Zudem besteht die Schwierigkeit herauszufiltern, was die zugrundeliegende Idee war und ob diese das Potenzial hat weiterentwickelt zu werden. So scheint es, dass nicht nur SAPiens, sondern VICs im Allgemeinen an einem Scheideweg stehen und neue Wege beschritten werden müssen, um effizientere Ergebnisse zu liefern.

Vor diesem Hintergrund wird in der nachfolgenden Studie die Erweiterung der SAPiens VIC mithilfe einer Wiki-Technologie vorgestellt. Die Wiki-Funktion soll die SAPiens Mitglieder unterstützen, Ideen in einer effizienteren Weise zu erstellen und somit Ideen von einer höheren Qualität zu erzeugen. In einem ersten Schritt des Design Science Research Ansatzes wurde ein solches IT-Artefakt – die Wiki-Technologie – entwickelt. Nach einem ersten Entwurf wird das IT-Artefakt in einem kontinuierlichen Prozess optimiert und perfektioniert. In einer Studie solle herausgefunden werden, ob die Wiki-Technologie die Qualität der Ideen wirklich deutlich verbessert. Die Resultate dieser Studie sollen nicht nur der SAPiens VIC helfen, sondern auch alle anderen virtuellen Ideenplattformen von Unternehmen unterstützen und verbessern.

2   Forschungsmethodik

Die Forschung hierzu folgt dem Ansatz der Action Design Research Methode (ADR): (1) Formuliere ein praktisches Anliegen der Anwender in eine unmittelbare problemorientierte Situation, (2) gestalte eine Problemlösung für das zuvor genannte Problem und (3) führe diese Lösung als Maßnahme zur Intervention für dieses Problem durch. Diese Vorgehensweise entspricht einer typischen ADR-Methode, wie z.B. von Rapport (1970), Susman/Evered (1978) oder Peters/Robinson (1984) vorgestellt. Die Methode konzentriert sich ausschließlich auf das IT-Artefakt als Gegenstand des zugrundeliegenden Problems. Dies ist auch das Unterscheidungsmerkmal von typischen Action Research Methoden, die in der Regel keine IT-Artefakte als Gegenstand zur Problemlösung umfassen. Euler (2014) beschreibt es folgendermaßen: „Als Ausgangspunkt der Forschung wird nicht gefragt, ob eine bestehende Intervention wirksam ist, sondern es wird gefragt, wie ein erstrebenswertes Ziel in einem gegebenen Kontext am besten durch eine im Forschungsprozess noch zu entwickelnde Intervention erreicht werden könnte."

In einem ersten Schritt wurde das Problem von SAP systematisch analysiert und formuliert. Dadurch war es möglich, SAP-spezifische Probleme als eine Klasse von Problemen zu identifizieren und so die Forschung hierzu genauer zu konzipieren. Die Problemformulierung bietet nun eine Plattform für einen wiederholenden Iterationsprozess bestehend aus dem Aufbau von Design, Pilotierung und Evaluation des IT-Artefakts, der Wiki-Technologie.

In einem zweiten Schritt (erste Iteration von Design, Pilotierung und Evaluation) wurde die ursprüngliche Gestaltung der Wiki-Technologie entwickelt, getestet und evaluiert. Dieser erste Zyklus ermöglicht eine Intervention des IT-Artefakts. Dies bedeutet, dass die Iterationsschleife das Ziel verfolgt, das Artefakt kontinuierlich zu optimieren, um später das Forschungsproblem zu lösen. Die ersten beiden genannten Forschungsschritte wurden bereits durchgeführt. Die folgenden Schritte werden in naher Zukunft erfolgen. In einem dritten Schritt (zweite Iteration von Design, Pilotierung und Evaluation) wird auf die ersten Forschungsergebnisse aufgebaut und eine umfassende Intervention des Artefakts vorgenommen. Im letzten Schritt (formalization of learnings) wurden die Erkenntnisse unserer Forschung auf eine breitere Klasse des Problems (generalization) angewandt, um den Beitrag unserer Forschung für den theoretischen und praktischen Wissensbestand zu identifizieren. Dies erfolgte durch die Einbeziehung der CAT-Methode, die im weiterführenden Verlauf eine Bewertung der Technologie hinsichtlich der Optimierung der ursprünglichen VIC-Methodik durch ein Expertenteam beinhaltet.

Basierend auf den Resultaten ihrer Forschung regen sie an, dass VICs nicht nur eine einfache Kommentar-Funktion zur Weiterentwicklung von Ideen besitzen sollten. Auch Doan et al.'s (2011) Rückblick auf VICs weist darauf hin, dass Anwender in der Lage sein müssen, Inhalte einer Idee neu zusammenfassen zu können. Die Empfehlung der Autoren ist, dass virtuelle Ideen-Plattformen mit einer IT-Funktion ausgestattet werden sollten, die eine Kollaboration ermöglicht. (Doan et al. 2011; Majchrzak et al. 2013a).

3 Erste Iteration

3.1 Design: Wiki Technologie als Problemlösung

Nachdem zu Beginn die Situation der SAPiens VIC vorgestellt wurde, wird nun auf die Implementierung der Wiki-Technologie als IT-Tool zur Unterstützung kollaborativer Ideenentwicklungen eingegangen. Die Wiki-Technologie soll die ursprüngliche Kommentar-Funktion ersetzen, um die bereits beschriebenen Nachteile zu überwinden. Anwender können ihr Wissen bei bereits eingereichten Ideen ergänzen, indem sie die ursprüngliche Ideenentwicklung direkt inhaltlich umformulieren, ändern und bearbeiten können. Die Ideen erhalten dank mehrmaliger Bearbeitung eine höhere Qualität, da neues Wissen mit dem vorherigen Inhalt zusammengeführt werden kann. Dies führt zu einem qualitativ hochwertigeren Grad der Ausarbeitung von Ideen.

3.2 Erster Entwurf der Wiki-Technologie

Die Wiki-Technologie wurde in der SAPiens VIC wie folgt eingebettet: SAPiens VIC gehört zu den sogenannten Ideen-Pools, eine Website, die alle eingereichten Ideen von Anwendern sammelt. Weitere rudimentäre Werkzeuge vereinfachen es dem Anwender, einen schnellen Überblick über bestehende Ideen zu gewinnen oder über eine Suchfunktion bestimmte Ideen zu finden. Die einzelnen Ideen sind im Ideen-Pool aufgeführt. Per Mausklick gelangt man zu der Präsentationsseite der ausgewählten Idee, auf der folgende Textelemente einer Idee dargestellt werden: Titel, Zusammenfassung und Beschreibung, als auch der Autor der ursprünglichen Idee. Ein weiteres Kernelement ist die Kommentarfunktion, die bis dato die Ideenentwicklung unterstützen sollte.

Diese IT-Funktion wurde einst nach Riedl et al.'s (2009) „An Idea Ontology for Innovation Management" implementiert. Eine Erweiterung der Ideen-Präsentationsseite wurde dank der Einführung der Wiki-Technologie wie folgt umgesetzt: Über die Schaltfläche „Idee bearbeiten" wird der Anwender zu einer untergeordneten Website weitergeleitet, der sogenannte Ideen-Wiki-Seite.

Hier kann die Idee nach dem Wiki-Prinzip verändert werden, d.h. der Benutzer kann den Inhalt einer bereits eingereichten Idee direkt modifizieren und/oder inhaltlich erweitern. Eine Auflistung aller älteren Versionen ist über den Button „Versionen ansehen" einzusehen. Abbildung 1 zeigt Screenshots der modifizierten Ideen Präsentations-Seite, sowie der dazugehörigen Wiki-Seite.

Button „Idee
bearbeiten"

Button „Änderungen
ansehen"

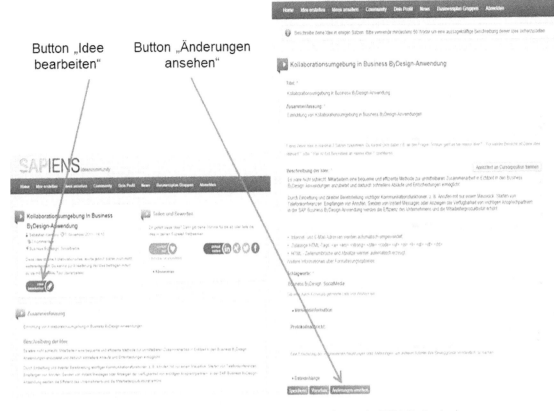

Abbildung 1. Ideen Präsentations-Seite nach Implementierung der Wiki-Technologie
(links) und Ideen Wiki-Seite

3.3 Pilotierung und Evaluation

Im Anfangsstadium des IT-Artefakts wurde eine erste Pilotierung und Evaluation durchgeführt, die sich gänzlich auf die Wiki-Funktionalität konzentriert. Es soll sichergestellt werden, dass die Entwicklung des IT-Artefakts später als Tool zur Lösung für die zugrundeliegende Forschungsfrage dient. Hierfür wurde eine Fokusgruppe bestehend aus 10 SAPiens Anwendern gegründet. Das Ziel der Teilnehmer der Fokusgruppe bestand darin, die bestehenden Ideen und das entworfene IT-Artefakt im spezifischen Kontext zu „Usability Engineering" nach Nielsen (1993) zu testen und zu verbessern. Die neu gestaltete Ideen-Präsentationsseite mit der dazugehörigen Ideen Wiki-Seite wurde den Teilnehmern präsentiert, sowie die Hintergründe nahegelegt. Den Teilnehmern wurden anschließend Laptops mit einer Testversion des IT-Artefakts zur Verfügung gestellt. In einem nächsten Schritt wurden sie gebeten, den Prototypen zu testen, indem sie einen besonderen Fokus auf das Erstellen und Bearbeiten von Ideen legen sollten.

Nach den Tests wurden die Teilnehmer über ihre Wahrnehmungen, Meinungen, Überzeugungen und ihrer Haltung gegenüber dem Wiki nach den methodischen Grundlagen der Fokusgruppen-Interviews im Rahmen des „Usability Engineering" (Nielsen 1993) befragt. Die Analyse der qualitativen Daten ergab folgendes Ergebnis: Der Gesamteindruck der Wiki-Technologie war gut. Alle Teilnehmer waren sich einig, ein solche Wiki-Funktion im Sapiens VIC anzuwenden. Jedoch zeigten die Ergebnisse der Befragungen auch eine Notwendigkeit der Verfeinerung des IT-Artefakts. Interessanterweise vermissten alle Teilnehmer die Kommentar-Funktion. Es sei zwar nun eine Kollaborations-Technologie gegeben – nämlich die Wiki-Technologie - jedoch würden sie die Funktionalität des Kommentierens als Möglichkeit für eine Diskussion nach wie vor nutzen wollen. Zudem nimmt die Mehrheit der befragten Teilnehmer positive Kommentare zu den eigenen Ideen als Bestätigung ihrer Selbstachtung wahr. Andere Teilnehmer bestätigten, dass sie Kommentare – sowohl positiv als auch negativ – als Anregung empfinden. Sie fühlten sich dadurch motiviert, ihre eigenen Ideen zu revidieren bzw. weiterzubearbeiten.

4 Zweite Iteration

4.1 Design: Überarbeitung des IT-Artefakts

Auf Basis der gewonnenen Erkenntnisse der ersten Iteration, wurde die Ideen-Präsentationsseite mit erneuter Implementierung der Kommentar-Funktion überarbeitet. Anwender haben nun beide Tools, sowohl die Kommentar-Funktion, als auch die Wiki-Technologie als Kernelemente der Ideen-Präsentationsseite zur Verfügung. Sie differenzieren sich in ihrer oben genannten Funktionalität.

4.2 Pilotierung und Evaluation

Aufbauend auf dem weiterentwickelten und verbesserten IT-Artefakt wurde nun eine weitaus größere Pilotierung im Kontext zu SAPiens VIC angestrebt. Das neu gestaltete IT-Artefakt wurde auf der Website SAPiens implementiert, um den Anwendern über einen beträtlichen Zeitraum die Chance zu geben, das IT-Artefakt zu nutzen. Dieser Schritt ermöglicht eine umfassendere Intervention, die zur einer größeren Auswertung der Wiki-Technologie führt. Folglich wurde während der zweiten Iteration der Fokus auf die Funktionsprüfung der Wiki-Technologie gesetzt, um die Fähigkeit zu evaluieren.

4.3 Skalen der Ideenbewertung

Bezogen auf die Kreativitätsforschung können Ideen als kreative Produkte interpretiert werden. (Amabile et al. 1996). Solche kreativen Produkte können zum Beispiel Gemälde oder auch Ideen sein. Die Kreativitätsforschung hat es sich zur Aufgabe gemacht die Aspekte von kreativen Produkten und deren Qualität zu beurteilen. Generell ist die Qualität eines kreativen Produktes ein komplexes Konstrukt (Amabile et al. 1996). Es existiert eine Reihe von Metriken die bereits diskutiert wurden. Jede Metrik besteht aus verschiedenen Dimensionen um die Qualität von kreativen Produkten zu bewerten (Dean et al. 2006). Im Bereich der Open Innovation Literatur kann eine Fülle an Arbeiten gefunden werden, die sich auf die Beurteilung der Qualität von innovativen Nutzer- bzw. Kundenideen fokussieren. (Blohm et al. 2011; Kristensson et al. 2004; Poetz et al. 2012). Dies verdeutlicht, dass die Qualität der Idee von vielen unterschiedlichen Faktoren abhängt. Bei der detaillierten Betrachtung der verschiedenen Literatur lassen sich diese Faktoren zu sieben Dimensionen konsolidieren, die in der nachfolgenden Tabelle dargestellt sind (Bretschneider 2012).

zusammenfassende Bezeichnung						
Neuheits-grad	Origina-lität	Paradigm Related-ness (Radikalität)	Umsetz-barkeit	Soziale Akzeptanz	Problem-bezug und Problem-nützlich-keit	Ausarbei-tungsgrad (Specifity)

Abbildung 2 Ergebnis der Literaturrecherche zur Identifizierung von Ideendimensionen aus der Kreativitätsforschung
Quelle: in Anlehnung an Bretschneider 2012

Der Fokus dieser Studie soll jedoch auf der Dimension Specifity liegen, die sich in der Tabelle unter dem Begriff „Ausarbeitungsgrad" wiederfindet. MacGrimmon und Wagner (1994) nennen zur Bewertung der Ideen die Kriterien „full, clear, concise and exact" hinsichtlich dieser Dimension. Um die Güte der Darstellung bzw. der Präsentation, die Specifity im engeren Sinne bedeutet, messbar zu machen, sind in einem nächsten Schritt Items bzw Attribute entwickelt worden. Diese helfen die Dimension eindeutiger zu machen, um eine Bewertung der Ideen unter dem Gesichtspunkt dieser Dimension leichter zu machen. (siehe sub-sectionSAP's Problem). Die Entwicklung dieser Items erfolgte durch die Prüfung des Literaturfelds, das sich spezifisch mit der von uns fokussierten Dimension befasst.

Daraufhin wurde ein Auswertungsformular entwickelt (siehe Anhang 1), welches die Idee mit Titel, Zusammenfassung, Beschreibung bzw. Kommentaren, der herausgearbeiteten Items und einer fünfstufigen Likertskala beinhaltet. Die Vorgehensweise und Methodik zur Bewertung der Ideen wird im nächsten Kapitel detailliert beschrieben.

5 Consensual Assessment Technique

Aufgrund der „Verworrenheit" und Komplexität einer Idee, wurde eine Fülle an Auswertungsmethoden in der Literatur diskutiert und in der Praxis erprobt (Plucker et al. 1999). In unserer Forschung werden wir Gebrauch von Amabile's Consensual Assesement Technique (CAT) (Amabile 1996) machen um die ausgewählten Ideen zu evaluieren. Die CAT wurde ursprünglich zur Kreativitätsbewertung von Kindern herangezogen. Sie gilt jedoch heute als eine universale Methode zur Evaluierung von kreativen Leistungen (Bretschneider 2012). Die CAT weist einige Anforderungen auf, die das erstellte kreative Produkt und seinen Ersteller betreffen. Eine erste Anforderung ist, dass ein klar interpretierbares Ergebnis vorhanden sein muss (Bretschneider 2012). Dies ist erfüllt durch die Beschreibung der Idee an sich. Eine weitere Anforderung besagt, dass keine besonderen Kenntnisse zur Aufgabenbewältigung vorhanden sein dürfen (Bretschneider 2012, Blohm 2013, Walcher 2007). Auch diese Anforderung erfüllt die SAPiens Ideen Community, da hier keine Expertise in Kunst oder in Computerkenntnissen notwendig ist, um eine Idee zu beschreiben. Weiterhin wird gefordert, dass den Teilnehmern ein Höchstmaß an freier Ideenentfaltung ermöglicht wird. Auch diese Anforderung wird erfüllt, da die Teilnehmer völlig frei gestellt sind wie sie ihre Idee beschreiben. Darüberhinaus stellt die CAT Methode auch Anforderungen an die Expertenjury. Die Juroren oder auch Experten muss eine „hohe Vertrautheit mit dem zu Grunde liegenden Untersuchungsgebiet bescheinigt werden" (Bretschneider 2012, S.73). Diese Anforderung wird ebenso erfüllt, da es sich bei den von uns ausgewählten Experten um Mitarbeiter am SAP University Competence Center in München handelt. Zum anderen muss das Bewertungsgremium bei der CAT Methode aus drei bis zehn Experten bestehen (Bretschneider 2012, Blohm 2013, Walcher 2007). In unseren Fall werden vier Experten die Evaluierung vornehmen. Zur Evaluierung wird jede Ideenbeschreibung in ein Auswertungsformular kopiert und anhand der unten beschriebenen Skala bewertet. Hierfür erhält jeder Experte eine bestimmte Anzahl an Auswertungsformularen in einer zufälligen Reihenfolge (je nachdem wie viele Ideen bewertet werden sollen). Die zufällige Reihenfolge der Ideen stellt eine weitere Anforderung der CAT dar, die erfüllt werden muss. Weiterhin sollten die Juroren ihre Evaluation auf Basis ihres persönlichen Wissens-, und Kenntnisstandes, sowie ihrer Auffassung der jeweiligen Items durchführen. Kurz gesagt, es wird eine subjektive Bewertung gefordert (Amabile 1996). Jedes Expertenjurymitglied wird aufgefordert die Ideen mit den zuvor von uns bestimmenden Items der Dimension „specificity" auf einer Bewertungsskala von 0 (stimme gar nicht zu) bis 4 (stimme voll zu), unabhängig von anderen Jurymitgliedern zu bewerten (Bretschneider 2012, Blohm 2013, Walcher 2007). Demnach dürfen keine Absprachen oder Beeinflussungen des Bewertungsgremiums von statten gehen. Zum anderen besagt eine Anforderung der CAT, dass keine beeinflussenden Handlungsanweisungen während der Bewertung ausgesprochen werden dürfen. Dies wurde ebenfalls erfüllt, da jede Bewertung vor Ort alleine von dem jeweiligen Experten durchgeführt wird. Laut Amabile (1996) wird ebenso eine akzeptable Beurteilerreliabilität des genutzten Skalentests im Bezug auf die CAT Methode gefordert (Blohm 2013, Walcher 2007). Dies ist erfüllt, falls alle Mitglieder der Jury die Ideen nahezu gleich bewerten. Dies bedeutet, dass Bewertungen hinsichtlich der Interrater-Reliabilität analysiert werden sollten (Amabile 1996). Aufgrund dessen werden wir die Intra-Class-Correlation (ICC) Koeffizienten messen um so die Interrater-Reliabilität zu bestimmen. Die CAT Methode fordert, dass die Interrater-Reliabilität den Mindestwert von 0,7 übersteigt (Blohm 2013, Walcher 2007)

6 Datenauswertung

Wie bereits im vorherigen Abschnitt beschrieben haben wir zur Datenauswertung Experten herangezogen, die unsere Sets an Ideen gemäß der CAT Methode bewerten. Die Ergebnisse der Bewertung aller 12 Wiki-Ideen ist in Tabelle 1 dargestellt. Die Bewertungsergebnisse der acht Kommentar-Ideen sind in Tabelle 2 einsehbar.

Item / Idee-Nr.	"Die Idee ist gut dargestellt und liest sich flüssig"	"Die Absicht/ Intention der Idee ist klar erkennbar"	"Der Aufbau der Idee ist logisch nachvollziehbar/ folgt einem roten Faden"	"Die Idee enthält keine Dubletten/ Wiederholungen"	Summe	Durchsch
1	2,00	2,67	2,00	3,00	9,67	
2	2,33	2,33	2,00	3,00	9,67	
3	3,33	3,33	3,33	2,67	12,67	
4	2,67	2,33	2,00	2,67	9,67	
5	1,33	0,33	0,33	1,33	3,33	
6	2,00	2,00	1,00	1,67	6,67	
7	2,67	3,33	2,67	2,67	11,33	
8	2,67	3,33	2,67	3,00	11,67	
9	3,00	3,00	2,67	3,33	12,00	
10	2,00	3,67	2,00	3,00	10,67	
11	1,33	1,33	1,00	2,67	6,33	
12	2,00	2,33	2,00	3,67	10,00	
Durchschnitt	2,28	2,50	1,97	2,72	9,47	

Tabelle 1 Bewertungsergebnisse der Wiki-Ideen

Quelle: eigene Darstellung

Die Bewertungskennzahl 2,00 (grün eingerahmt, Tabelle 1) der Idee-Nr. 1 an der Stelle des Items eins, ergibt sich aus dem Mittelwert der Bewertung aller Experten des Items eins. Im Maximum kann hier ein Wert von 4,0 erreicht werden, insofern jeder Experte dieses Item mit 4,0 bewertet. Im Anschluss wird aus der durchschnittlichen Bewertung jedes der vier Items eine Summe gebildet (dargestellt durch blauen Pfeil). In dem Fall der Idee-Nr. 1 beträgt diese Summe 9,67. Maximal kann hier ein Punktewert von 16 Punkten erreicht werden. Dieses Vorgehen wird für jede der 12 Ideen wiederholt um anschließend den Mittelwert dieser Summen zu bilden.

Item / Idee-Nr.	"Die Idee ist gut dargestellt und liest sich flüssig"	"Die Absicht/ Intention der Idee ist klar erkennbar"	"Der Aufbau der Idee ist logisch nachvollziehbar/ folgt einem roten Faden"	"Die Idee enthält keine Dubletten/ Wiederholungen"	Summe	Durchsch
1	2,33	2,33	2,67	3,00	10,33	
2	0,67	1,67	1,00	3,33	6,67	
3	0,67	0,67	1,00	3,33	5,67	
4	2,33	2,33	2,33	3,33	10,33	
5	3,00	3,33	3,67	3,33	13,33	
6	2,00	2,00	2,00	2,67	8,67	
7	2,00	2,00	2,67	3,33	10,00	
8	2,67	3,00	3,00	3,33	12,00	
Durchschnitt	1,96	2,17	2,29	3,21	9,63	

Tabelle 2 Bewertungsergebnisse der Kommentar-Ideen
Quelle: eigene Darstellung

Diese Prozedur wurde ebenso auf die Kommentar-Ideen angewendet. Der Vorteil hierbei ist, dass die beiden Sets an Ideen, trotz unterschiedlicher Anzahl an Ideen gut miteinander verglichen werden können. Die hieraus entstandene Kennzahl gibt die durchschnittliche Qualität des Ausarbeitungsgrades ("specificity") einer einzelnen Idee an. Diese Kennzahl ist in jeder der beiden Tabellen blau eingerahmt. Bei den Wiki-Ideen beträgt diese Kennzahl 9,47 Punkte. Bei den Kommentar-Ideen ist sie 9,63 Punkte hoch. Dieses Ergebnis zeigt, dass Kommentar-Ideen im Durchschnitt besser bewertet wurden als Ideen, die mittels Wiki-Technologie entwickelt wurden. Aus diesem Grund konnte unsere Anfangshypothese nicht bestätigt werden. Die Wiki-Technologie trägt somit nicht zu einer höheren Qualität der Ideendimension "specificity" bei. Um dieser Sache auf den Grund zu gehen, haben wir in einem nächsten Schritt die durchschnittliche Bewertung eines jeden Items berechnet um den Grund für die nicht bestätigte Hypothese herauszufiltern. Hier ist es interessant zu betrachten, dass Wiki-Ideen hinsichtlich der Items eins ("Die Idee ist gut dargestellt und liest sich flüssig") und zwei (Die Absicht / Intention der Idee ist klar erkennbar") durchschnittlich besser bewertet wurden als Kommentar-Ideen (rot eingerahmt in Tabelle 1). Wohingegen das Item drei ("Der Aufbau der Idee ist logisch nachvollziehbar / folgt einem roten Faden") und das Item vier ("Idee enthält keine Doubletten / Wiederholungen") bei den Kommentar-Ideen im Durchschnitt besser bewertet wurde (rot eingerahmt in Tabelle 2). Aufgrund unserer nicht bestätigten Anfangshypothese haben wir davon abgesehen, die Interrater-Reliabilität zu bestimmen. Es ist in unserem Fall nicht notwendig unsere Ergebnisse zu validieren.

7   Diskussion

Wie bereits zuvor dargestellt, konnte unsere Ausgangshypothese nicht bestätigt werden. Es gilt demnach in einem nächsten Schritt herauszufinden, welche Ursachen hinter einem solchen Ergebnis liegen können.

Dabei soll zunächst die verwendete Methodik und deren Ausführung kritisch hinterfragt werden. Zum einen muss an diesem Punkt herausgestellt werden, dass bereits bei der Datenbereinigung festgestellt werden konnte, dass anhand den Ausschlusskriterien der „Nicht-Aussagekraft" oder „der geringfügigen Weiterbearbeitung", im Gegensatz zu den „Wiki-Ideen", ein Großteil der Kommentar-Ideen keine für uns relevanten Ideen-Weiterbearbeitung darstellen und somit von Vornherein ausgeschlossen wurden. Es stellt sich somit die Frage, ob anhand der Ausschlusskriterien zu viele Ideen schon im ersten Schritt ausgeschlossen wurden, oder ob eine „sanftere" Datenbereinigung zu anderen Ergebnissen geführt hätte. Im nächsten Schritt gilt es die Phase der Operationalisierung kritisch zu hinterfragen. So sollte man genau überprüfen, ob die genutzten Items eine geeignete Auswahl dargestellt haben. Dabei sollten diese unter den Fragen "Sind die Items deutlich und verständnisvoll", "Stellen Sie eine geeignete Repräsentation der übergeordneten Dimension dar" oder auch "Sind die Items inhaltlich logisch voneinander abgegrenzt, gibt es Überschneidungen oder Widersprüche?". Besonders kritisch sollten unter diesem Gesichtspunkt die Items drei und vier betrachtet werden, deren Ergebnisse unserer Anfangshypothese vollständig widersprechen (siehe Kapitel 7). Sollten eine oder auch mehrere dieser Fragen verneint werden, muss überprüft werden, ob dies signifikant für die erzielten Ergebnisse ist, so dass die Ergebnisse hinterfragt werden müssen und gegebenenfalls neue Items formuliert werden müssen und die Befragung erneut durchgeführt werden muss. Ebenfalls sollte die Durchführung der CAT-Methode erneut detailliert geprüft werden, um gegebenenfalls Schwächen und Fehler festzustellen.

Im ersten Schritt wäre dahingehend den Aufbau des Auswertungsformulars zu hinterfragen. Hierbei gilt es festzustellen, ob das Auswahlformular unter anderem zu unübersichtlich gestaltet wurde. So können insbesondere bei den lang wirkenden Ideen mittels Wiki-Technologie ein Ersteindruck entstehen, der die Wiki-Ideen negativ dar stehen lässt. Weitere Schwächen lassen sich auf dem ersten Blick bei der Expertenbefragung erkennen. Dies lässt sich unter anderem auf die geringe Anzahl von Experten zurückführen. Hier ist noch einmal zu erwähnen, dass vier Experten eine Zusammenfassung der Ideen erhalten haben, wir allerdings nur drei der Ideenkataloge zurückerhalten haben. Zwar liegen auch drei zurückerhaltene Auswertungen im Rahmen der Anforderungen der CAT-Methode (3-10 Experten, siehe Kapitel 6), jedoch stellt diese Anzahl den äußersten Rahmen dar, so dass hier darüber nachgedacht werden kann, ob daher wirklich signifikante Ergebnisse erzielt werden konnten. Nachdem die einzelnen Schritte der verwendeten Methodik kritisch hinterfragt wurden, gilt es zu entscheiden, ob diese bedeutende Schwächen und Fehler enthalten hat, die es notwendig machen, diese zu optimieren und ein weiteres Mal durchzuführen. Sollte dies mit nein beantwortet werden, gilt es die Anfangshypothese kritisch zu hinterfragen. In diesem Fall ist es notwendig, die Technologie und deren Aufbau noch einmal detailliert zu betrachten und nach Fehlern zu suchen, die zu diesen Ergebnissen geführt haben. In den Ergebnissen haben vor allem die Items drei und vier bei den Wiki-Ideen schlecht abgeschnitten. Daher sollte die Technologie vor allem unter dem Fokus der Nachvollziehbarkeit und der Übersichtlichkeit untersucht werden. Hierbei fällt vor allem auf, dass die Texte der Wiki-Ideen auf dem ersten Blick im Vergleich zu den Kommentarideen augenscheinlich unstrukturierter wirken, da die einzelnen Kommentare mittels ihrer Überschriften Passagen deutlicher machen. So sollte in einem nächsten Schritt erarbeitet werden, wie die erkannten Probleme gelöst werden können und eine Optimierung in die Technologie etabliert werden. Im letzten Schritt sollte dann erneut die neue Technologie hinsichtlich der erhöhten Qualität mittels CAT-Methodik überprüft werden. Zusammenfassend lässt sich also sagen, dass die Ursachen der erzielten Ergebnisse, die unsere Anfangshypothese nicht bestätigt haben, sowohl die Durchführung der Methodik als auch die bestehende Technologie sein können. Demnach gilt es also zunächst die Methodik und daraufhin die Technologie kritisch zu hinterfragen und dahingehend zu optimieren, dass nach einer erneuten Durchführung der Befragung das Artefakt erfolgreich abgeschlossen werden kann.

References

1. Amabile, T.M. Creativity in context: Update to "The Social Psychology of Creativity" Westview Press, Boulder, CO, US, 1996, pp. xviii, 317.
2. Amabile, T.M., Conti, R., Coon, H., Lazenby, J., and Herron, M. "Assessing the work environment for creativity," Academy of Management Journal (39:5) 1996, pp 1154-1184.
3. Blohm, I „Open Innovation Communities – Absorptive Communities und kollektive Ideenbewertung", Springer Verlag, Wiesbaden 2013
4. Blohm, I., Bretschneider, U., Leimeister, J.M., and Krcmar, H. "Does Collaboration among Participants Lead to Better Ideas in IT-based Idea Competitions? An Empirical Investigation," International Journal of Networking and Virtual Organisations (9:2) 2011, pp 106-122.
5. Bretschneider, U „Die Ideen-Community zur Integration von Kunden in den Innovationsprozess" Empirische Analysen und Implikationen, Springer Verlag, Wiesbaden 2012
6. Bretschneider, U.: Die Ideen-Community zur Integration von Kunden in den Innovationsprozess, Wiesbaden (2012), S. 57.
7. Dean, D.L., Hender, J.M., Rodgers, T.L., and Santanen, E.L. "Identifying Quality, Novel, and Creative Ideas: Constructs and Scales for Idea Evaluation," Journal of the Association for Information Systems (7:10) 2006, pp 646-699.
8. Doan, A., Ramakrishnan, R., and Halevy, A.Y.: Crowdsourcing systems on the worldwide web, Communications of the ACM (54:4) 2011, S. 87-96.
9. Euler, D., Sloane, P.: Design-Based Research, Stuttgart (2014), S. 7.
10. Huber, J.: Entwurfsmuster zur Unterstützung kollaborativer Ideenentwicklung in virtuellen Ideen Communities, München (2015), S. III.
11. Justel, A., Peña, D., and Zamar, R. "A multivariate Kolmogorov-Smirnov test of goodness of fit," Statistics & Probability Letters (35:3) 1997, pp 251–259.
12. Kristensson, P., Gustafsson, A., and Archer, T. "Harnessing the creative potential among users," Journal of Product Innovation Management (21:1) 2004, pp 4-14
13. MacCrimmon, K.R.; Wagner, C. (1994): Stimulating ideas through creative software. In: Management Science, Vol. 40 (1994) Nr. 11, S. 1514-1532
14. Majchrzak, A., and Malhotra, A.: Towards an information systems perspective and research agenda on crowdsourcing for innovation, Journal of Strategic Information Systems (22) 2013a, S. 257-268.
15. Nielsen, J. Usability Engineering Academic Press, Boston, 1993.
16. Peters, M., and Robinson, V.: The Origins and Status of Action Research, Journal of Applied Behavioral Science (20:2) 1984, S. 113-124.
17. Plucker, J.A., and Renzulli, J.S. "Psychometric approaches to the study of human creativity," in: Handbook of creativity, Cambridge University Press, New York, NY, US, 1999, pp. 35-61
18. Poetz, M.K., and Schreier, M. "The Value of Crowdsourcing: Can Users Really Compete with Professionals in Generating New Product Ideas," Journal of Product Innovation Management (29) 2012, pp 245–256
19. Rapport, R.: Three dilemmas of action research, Human Relations (23:6) 1970, S. 499 – 513.
20. Riedl, C., May, N., Finzen, J., Stathel, S., Kaufman, V., and Krcmar, H.: An Idea Ontology for Innovation Management, International Journal on Semantic Web and Information Systems (5) 2009, S. 1-18.
21. Susman, G., Evered, R.: An Assessment of the scientific Merits of Action Research, Administrative Science Quarterly (23) 1978, S. 582-603.

8   Anhang

Titel:						Idee Nr. ???

	0= stimme gar nicht zu 4= stimme voll zu				
	0	1	2	3	4
Die Idee ist gut dargestellt und liest sich flüssig. Die	☐	☐	☐	☐	☐
Absicht/Intention der Idee ist klar erkennbar.	☐	☐	☐	☐	☐
Der Aufbau der Idee ist logisch nachvollzieh- bar/ folgt einem roten Faden.	☐	☐	☐	☐	☐
Die Idee enthält keine Doubletten/Wiederholungen.	☐	☐	☐	☐	☐

www.ingramcontent.com/pod-product-compliance
Lightning Source LLC
LaVergne TN
LVHW080120070326
832902LV00015B/2696